# Frozen Yogurt
## & Co.

## Abkürzungen

| | | |
|---|---|---|
| E | = | Eiweiß |
| El | = | Esslöffel |
| F | = | Fett |
| g | = | Gramm |
| geh. | = | gehäuft |
| gem. | = | gemahlen |
| gestr. | = | gestrichen |
| getr. | = | getrocknet |
| kcal | = | Kilokalorien |
| KH | = | Kohlehydrate |
| kJ | = | Kilojoule |
| l | = | Liter |
| ml | = | Milliliter |
| Msp. | = | Messerspitze |
| TK | = | Tiefkühlprodukt |
| Tl | = | Teelöffel |

## Backofentemperaturen

Die Backofentemperaturen in diesem Buch beziehen sich auf einen Elektroherd mit Ober- und Unterhitze. Falls Sie mit Umluft arbeiten, reduziert sich die Temperatur um 20 °C.

## Illustrationsnachweis

Fotolia.com: blauer Eiswagen mit einem Rad, roter Eiswagen mit zwei Rädern und Eisauto (© elfivetrov), alle anderen Illustrationen (© Ekler)

# Frozen Yogurt & Co.

## & Co.

*Die besten Eis-Trends zum Genießen*

# Inhaltsverzeichnis

# Einleitung

Sie lieben Eis und sind immer auf der Suche nach Rezepten, die die eiskalten und heißgeliebten Kreationen neu, raffiniert und überraschend lecker präsentieren? Dann ist dieses Buch ein absolutes Must-Have. Das erste Kapitel widmet sich voll und ganz den neuen frischen Frozen-Yogurt-Kreationen. Kapitel 2 präsentiert köstliche Sandwiches mit eiskalter Füllung, Kapitel 3 schließlich stellt mit Frozen Törtchen, Frozen Pops, eiskalten Küchlein und vielem mehr die neuesten Trends der internationalen Eiskreationen vor. Besser geht es einfach nicht.

Joghurt spielt in allen Kapiteln eine wichtige Rolle, sind auch einige der Sandwiches und der restlichen Kreationen mit Frozen Yogurt hergestellt. Die cremigen und oftmals auch sehr kalorienarmen Frozen Yogurts erfreuen sich schon seit einiger Zeit immer größerer Beliebtheit und die durchgestylten Frozen-Yogurt-Boutiquen gehören in jeder größeren Stadt zum Erscheinungsbild dazu. In diesem Buch finden Sie viele verschiedene Varianten der Herstellung. Die einfachste Art ist sicherlich diejenige, cremig gerührten Joghurt mit verschiedenen Zusätzen in der Eismaschine gefrieren zu lassen. Daneben gibt es noch die zeitlich aufwendigere Technik, Joghurt mehrere Stunden lang abtropfen zu lassen, bis er eine quark-ähnliche Konsistenz aufweist und diese Masse anschließend mit Sahne und Eischnee gefrieren zu lassen. Zudem gibt es natürlich auch jede Menge Mischformen, in denen der Joghurt nicht abtropft, aber mit Eischnee und/oder aufgeschlagener Sahne besonders luftig und cremig gerät. Immer jedoch sind die Kreationen einfach in der handwerklichen Herstellung. Ob mit oder ohne Eismaschine.

## Die Herstellung mit Eismaschine

Die meisten eingefleischten Eis-Fans werden sehr wahrscheinlich mittlerweile eine einfache Eismaschine ihr Eigen nennen. Die preisgünstigen Varianten zu den Profi-Eismaschinen besitzen kein eingebautes Kühlaggregat. Der Eisbehälter mit Kühlflüssigkeit muss deshalb mindestens 8 Stunden vor der Eiszubereitung ins Tiefkühlfach gelegt werden. Dann allerdings ist die Zubereitung leicht und vor allen Dingen schnell. Rund eine halbe Stunde benötigen die Mixturen, um eine cremig-eisige Konsistenz zu erhalten. Falls sie dann nicht sofort verzehrt werden, können Sie problemlos im Tiefkühlfach zwischengelagert werden. Vor dem Servieren sollten sie in diesem Fall leicht antauen und dann mit dem Pürierstab wieder cremig gemixt werden.

> **Achtung:** In den Rezepten selbst wird aus Platzgründen ausschließlich die Gefriermethode in der Eismaschine erwähnt. Für das Gefrieren im Tiefkühlfach lesen Sie bitte aufmerksam den nächsten Abschnitt.

## Die Herstellung ohne Eismaschine

Wer befürchtet, dass bei der Herstellung von Hand die Qualität leidet, hat weit gefehlt. Auch bei dieser Zubereitung sind die Ergebnisse perfekt – wenn man sich genügend Zeit nimmt zum Rühren. Damit dabei nichts überläuft, wird die Eismasse am besten in ein recht großes Gefäß gegeben und dann ins Tiefkühlfach gestellt. Rund 3 Stunden dauert es nun, bis die Masse die gewünschte cremige Konsistenz aufweist. Bis dahin muss sie halbstündlich kräftig durchgerührt werden – immer schön von außen nach innen, damit die Eiskristalle möglichst klein bleiben und die Masse gleichmäßig durchkühlt. Sie können mit einer Gabel rühren – besonders einfach und praktisch ist aber auch hier ein leistungsstarker Pürierstab, der die feinsten Ergebnisse liefert. Dieser dient zum Servieren später auch dazu, die eventuell zu fest gewordene Masse wieder cremig zu mixen. Allerdings darf er nur dann zum Einsatz kommen, wenn keine Fruchtstücke, Rosinen oder Keksbrösel unter die Masse gerührt wurden. In solchen Fällen muss auf die Gabel zurückgegriffen werden.

## Spritzen und Dekorieren

Eine gute Spritztülle ist auf jeden Fall eine Anschaffung wert. Sie sollte groß genug sein, um mindestens 2 Portionen Eis spritzen zu können. Praktisch ist zudem, wenn Sie die Tüllen von außen wechseln können. Das Einfüllen der Eismasse geht problemlos, wenn Sie die Spritztülle in ein hohes Glas, zum Beispiel ein Weizenglas, stellen und die Ränder um den Glasrand klappen. So haben Sie beide Hände frei zum Einfüllen und die Tülle steht stabil. Dann heißt es allerdings: zügig arbeiten und den Spritzbeutel nach Möglichkeit nicht mit der ganzen Hand umfassen. Die Handwärme wird einfach schnell übertragen und lässt das Eis aus der Form laufen. Doch eigentlich ist es ganz einfach – und mit ein wenig Übung werden auch Sie bald die perfekten Eis-Rosetten spritzen.

## So wird es noch schöner

Mit den richtigen Toppings sehen die eigenen Kreationen nicht nur umwerfend aus – sie bekommen auch noch geschmacklich zusätzliche Extras. Wir stellen Ihnen einige leckere Ideen vor, die Sie für die unterschiedlichsten Kreationen verwenden können:

### Crumbles:

Die einfachste Art, Crumbles selbst herzustellen, ist sicherlich die, Cookies oder andere Kekse mit der Küchenrolle zu zerkrümeln und dann über das Eis zu streuen. Lecker

schmecken zum Beispiel zerkrümelte Spekulatius-Kekse über Zimt-Eis oder zarte Nuss-Kekse über Vanille-Eis. Daneben können Sie auch wunderbar eigene Streusel herstellen. Lesen Sie dazu die Rezepte auf S. 17 und 72.

### Fruchtsaucen:

Einfach, lecker, attraktiv und dabei fettfrei – Fruchtsaucen sind wahre Alleskönner. Am besten haben Sie immer einige tiefgekühlte Beeren im Eisfach. Mit etwas Zucker oder Marmelade, einem Spritzer Zitronensaft und nach Belieben etwas Rotwein, Portwein oder Sherry zaubern Sie und Ihr Pürierstab im Nu geschmackliche Highlights und farbliche Kontraste. Lecker und hübsch sind auch immer Kombinationen mit pürierten Saucen und eingerührten ganzen Beeren.

## Krokant:

Crunchy und süß macht sich Krokant auf fast allen Eis-Kreationen ganz hervorragend. Viel besser als gekaufter ist selbst gemachter Krokant. Da die Herstellung ein Kinderspiel ist und sich Krokant zudem noch lange hält, spricht alles dafür, sich ein Gläschen Krokant auf Vorrat herzustellen, das für spontane Frozen-Yogurt-Aktionen gute Dienste leisten wird. Als Faustregel für die Krokantherstellung gilt: 100 g Nüsse, Kerne oder Samen auf 100 g Zucker. Zuerst werden Nüsse & Co. in der fettfreien Pfanne goldgelb geröstet und dann beiseitegestellt. Anschließend wird der Zucker in der Pfanne goldbraun karamellisiert. Nun werden die Nüsse wieder eingerührt, bis sie rundum benetzt sind und dann möglichste dünn auf Backpapier gestrichen. Dort erkalten sie und härten aus – danach können sie nach Belieben klein gehackt oder im Blitzhacker sogar nach Bedarf pulverisiert werden, um zum Beispiel Schlagsahne-Toppings einen besonderen Aroma-Kick zu verleihen.

## Karamellsaucen:

Auf S. 24 finden Sie das Rezept für Dulce de Leche – DIE Trendsauce schlechthin. Sahnig und karamellig verfeinert sie nach Belieben Eiscreme, Schlagsahne und Fruchtzubereitungen, dient als Topping oder ist sogar als Brotaufstrich unschlagbar. Bereiten Sie ein paar Gläser dieser handwerklich einfachen, aber etwas zeitaufwendigen Sauce vor – sie hält sich kühl und verschlossen mehrere Monate im Kühlschrank.

## Trockenfrüchte, Müsli, Gummibärchen, Liebesperlen, Schokostreusel & Co.:

Klein gehackt oder im Blitzhacker gemahlen können die unterschiedlichsten Zutaten aus der Cerealien- oder Süßigkeiten-Abteilung als Topping verwendet werden. Schneller und einfacher geht es meist nicht!

Dies sind nur einige Ideen, um Ihr Eis prachtvoll und besonders lecker zu inszenieren – lassen Sie aber Ihrer Fantasie freien Lauf und experimentieren Sie mit allem was klein, lecker oder flüssig genug ist, um auf Ihr Eis zu kommen.

Jetzt aber: Ran an Spritztülle & Co. und viel Spaß mit unseren Rezepten!

# Frozen Yogurt

# Frozen Yogurt
## mit Apfelzucker

1. Den griechischen Joghurt mit 60 g Zucker schaumig quirlen – mindestens so lange, bis sich die Zuckerkristalle aufgelöst haben. Die Sahne steif schlagen. Die Eiweiße mit dem Salz anschlagen, den restlichen Zucker hinzugeben und alles sehr steif schlagen. Beides unter die Joghurt-Masse heben. Die Mischung in die Eismaschine geben und ca. 30 Minuten cremig gefrieren lassen.

2. Für den Apfelzucker den Zucker mit der Sahne und dem Salz unter Rühren aufkochen und so lange köcheln lassen, bis sich ein goldgelbes Karamell gebildet hat. Dann auf Backpapier gießen, erkalten und aushärten lassen. Die Masse in Stücke brechen und mit den Apfelchips im Blitzhacker zerkleinern.

3. Zum Servieren den Frozen Yogurt etwas antauen lassen, gegebenenfalls nochmals durchmixen und in einen Spritzbeutel mit Sterntülle füllen. Dekorativ auf Gläser oder Förmchen verteilen und mit der Hälfte des Apfelzuckers bestreuen. Den restlichen Apfelzucker separat zum individuellen Süßen dazu reichen.

# Fettfreier Frozen Yogurt
## mit Erdbeersauce

### Für 4-6 Portionen

**Für das Eis**

750 g Naturjoghurt (0,1 % Fett)
80 g Zucker
2 Päckchen Vanillezucker
Saft von ½ Zitrone

**Für die Erdbeersauce**

500 g Erdbeeren
1 Spritzer Zitronensaft
1 Päckchen Vanillezucker
1 El Zucker
1 Spritzer Aceto-balsamico-Creme
oder 1 Spritzer Rum nach Belieben

**Außerdem**

Erdbeerscheiben zum
Dekorieren

Zubereitungszeit: ca. 20 Minuten
(plus Gefrierzeit)
Bei 6 Portionen pro Portion
ca. 149 kcal/624 kJ
6 g E, 0 g F, 30 g KH

1. Für den Frozen Yogurt den Naturjoghurt mit Zucker und Vanillezucker schaumig quirlen. Den Zitronensaft unterrühren und die Masse in die Eismaschine füllen. Mindestens 25 Minuten gefrieren lassen.

2. Für die Erdbeersauce die Erdbeeren waschen und trocken tupfen. Anschließend putzen und grob zerkleinern. Mit dem Zitronensaft, dem Vanillezucker und dem Zucker glatt pürieren. Nach Belieben noch 1 Spritzer Aceto-balsamico-Creme oder Rum unterrühren.

3. Zum Servieren den Frozen Yogurt gegebenenfalls etwas antauen lassen, nochmals pürieren und ihn in einen Spritzbeutel mit großer Sterntülle füllen. Mit Erdbeerscheiben die Mitte jedes Tellers dachziegelartig und kreisförmig auslegen. Den Frozen Yogurt daraufspritzen und mit etwas Erdbeersauce beträufelt servieren. Alternativ die Erdbeersauce auf tiefen Schälchen verteilen und den Frozen Yogurt hineinspritzen.

# Frozen Yogurt
## mit Streuseln und Rhabarberkompott

1. Ein Sieb mit einem Küchentuch auslegen, in eine Schüssel hängen, den Joghurt hineingeben und mit einem Teller beschweren. Abgedeckt über Nacht, mindestens aber 6 Stunden, abtropfen lassen.

2. Joghurt mit Zucker und Vanillezucker verquirlen. Die Eiweiße mit 1 Prise Salz steif schlagen. Unter die Joghurt-Masse heben und für mindestens 25 Minuten in der Eismaschine gefrieren lassen.

3. Für die Streusel den Ofen auf 200 °C vorheizen. Ein Backblech mit Backpapier auslegen. Die kalte Butter in Stücke schneiden und mit den restlichen Zutaten zügig krümelig kneten. Auf dem Backblech verteilen und auf der mittleren Schiene ca. 15 Minuten goldgelb backen, dann abkühlen lassen.

4. Den Rhabarber waschen, putzen und in kleine Würfel schneiden. Den Zucker in einen Topf geben und goldgelb karamellisieren lassen. Mit Apfelsaft unter Rühren loskochen. Wenn sich der Zucker wieder aufgelöst hat, den Rhabarber mit dem Zimt hinzugeben und ca. 5 Minuten köcheln lassen. Die Speisestärke mit etwas kaltem Wasser glatt rühren und unter das Kompott rühren. Einmal aufkochen lassen, dann vom Herd nehmen und abkühlen lassen.

5. Zum Servieren das Kompott auf Dessertschälchen verteilen. Den Frozen Yogurt gegebenenfalls etwas antauen lassen, dann nochmals durchmixen und in einen Spritzbeutel mit Sterntülle füllen. Auf das Kompott spritzen und alles üppig mit Streuseln bestreuen.

### Für 4–6 Portionen

**Für den Frozen Yogurt**
800 g fettarmer Naturjoghurt (1,5 %)
100 g Zucker
1 Päckchen Vanillezucker
3 Eiweiß, Salz

**Für die Streusel**
100 g kalte Butter
100 g Zucker, 100 g Mehl
100 g gem. Mandeln
1 Prise Zimt, 1 Prise Salz

**Für das Kompott**
500 g Rhabarber
50 g Zucker
200 ml Apfelsaft
1 Prise Zimt
½ Tl Speisestärke

Zubereitungszeit: ca. 50 Minuten
(plus Zeit zum Abtropfen und Gefrieren)
Bei 6 Portionen pro Portion ca. 533 kcal/2239 kJ
13 g E, 24 g F, 71 g KH

# Bananen-Frozen-Yogurt
## auf vegane Art

### Für 4-6 Portionen

3 reife Bananen
750 g Sojajoghurt
300 ml Sojasahne
1 Vanilleschote
3 El Ahornsirup

**Außerdem**

100 g vegane Zartbitterschokolade
und Physalis zum Verzieren

Zubereitungszeit: ca. 15 Minuten
(plus Gefrierzeit)
Bei 6 Portionen pro Portion
ca. 432 kcal/1817 kJ
30 g E, 23 g F, 27 g KH

1. Die Bananen schälen und in Scheiben schneiden. In einen Gefrierbeutel füllen und für mindestens 4 Stunden gefrieren lassen. Den Sojajoghurt und die Sojasahne für ca. 1 Stunde tiefkühlen.

2. Die gefrorenen Bananenstücke mit dem angefrorenen Joghurt und der Sojasahne in einen Mixer geben. Die Mischung glatt pürieren, aber nicht unnötig lange. Die Vanilleschote längs aufschneiden und das Mark herausschaben. Zusammen mit dem Ahornsirup unter das Püree rühren.

3. Die halb gefrorene Masse entweder in der Eismaschine weitere 15 Minuten gefrieren lassen oder nochmals für ca. 1 Stunde ins Gefrierfach stellen.

4. Vor dem Servieren die Schokolade raspeln und den Frozen Yogurt etwas antauen lassen. In einen Spritzbeutel mit Lochtülle füllen und auf Eis-Schalen verteilen. Mit den Schokostreuseln bestreuen und mit Physalis garniert servieren.

# Frozen Yogurt
## mit weißer Schokolade

1. Den Joghurt für ca. 50 Minuten ins Gefrierfach stellen. Die weiße Schokolade raspeln und langsam im heißen Wasserbad unter Rühren schmelzen. 1 Esslöffel Mascarpone unterrühren, danach diese Mischung unter den restlichen Mascarpone heben. Den Vanillezucker unterrühren und die Mischung für ca. 30 Minuten ins Tiefkühlfach stellen.

2. Den Joghurt, die Mascarpone-Mischung und die tiefgekühlten Blaubeeren in einen Mixer geben und zu einer cremigen Masse pürieren. Ist die Masse zu weich, für ca. 15 Minuten in der Eismaschine gefrieren lassen oder für ca. 1 Stunde in den Tiefkühlschrank stellen, dabei zwischendurch einmal gründlich umrühren.

3. Zum Servieren die weiße Schokolade raspeln und die frischen Blaubeeren waschen und trocken tupfen. Die Eismasse in einen Spritzbeutel füllen und auf Dessertschälchen verteilen. Mit den Schokostreuseln bestreuen und mit den frischen Blaubeeren garniert servieren.

### Für 4-6 Portionen

300 g Naturjoghurt (3,5 %)
175 g weiße Schokolade
200 g Mascarpone
1 Päckchen Vanillezucker
500 g TK-Blaubeeren

**Außerdem**
100 g weiße Schokolade und frische Blaubeeren zum Servieren

Zubereitungszeit: ca. 20 Minuten
(plus Gefrierzeit)
Bei 6 Portionen pro Portion
ca. 444 kcal/1864 kJ
5 g E, 30 g F, 38 g KH

# Frozen Yogurt
## mit Salzkaramell

### Für 4 Portionen

**Für den Frozen Yogurt**

130 g Zucker

300 ml Sahne

30 g Butter

1 Msp. Meersalz

500 g Naturjoghurt (1,5 %)

**Für den Pekannusskrokant**

4 El Pekannüsse

4 El Zucker

Zubereitungszeit: ca. 30 Minuten
(plus Abkühl- und Gefrierzeit)
Pro Portion ca. 570 kcal/2392 kJ
9 g E, 36 g F, 53 g KH

1. Zuerst die Salzkaramellcreme herstellen. Dafür 70 g Zucker goldbraun karamellisieren. 75 ml Sahne erhitzen und vorsichtig hinzugeben (Spritzgefahr!). Die Hitze reduzieren und so lange unter Rühren simmern lassen, bis sich das Karamell wieder vollständig aufgelöst hat. Die Butter und das Meersalz unterrühren. Die Masse abkühlen lassen.

2. Für den Frozen Yogurt den Joghurt cremig rühren. Den restlichen Zucker unterrühren, bis sich dieser vollständig aufgelöst hat. Dann die Karamellcreme unterrühren. Die restliche Sahne steif schlagen und unterheben. Die Masse in der Eismaschine ca. 30 Minuten cremig gefrieren lassen.

3. Für den Krokant die Pekannüsse hacken. In einer Pfanne ohne Fett leicht anrösten, dann herausnehmen. Den Zucker in die Pfanne geben und goldgelb karamellisieren lassen. Die Nüsse hinzugeben, dabei leicht mit der Pfanne hin und her rütteln, damit sich nur kleine Klümpchen bilden. Auf Backpapier gießen und erkalten lassen. Ist der Krokant trotzdem zu groß, nach dem Abkühlen in die gewünschte Größe hacken.

4. Zum Servieren den Frozen Yogurt gegebenenfalls leicht antauen lassen und nochmals durchmixen. Dann in einen Spritzbeutel füllen und in Schälchen spritzen. Mit Krokant bestreuen und sofort servieren.

# Frozen Yogurt
## mit Dulce de Leche

### Für 4-6 Portionen

**Für den Frozen Yogurt**

1 kg Naturjoghurt (1,5 %)
3 Eiweiß
1 Prise Salz
100 g Zucker
150 ml Sahne
100 g Zartbitterschokolade

**Für die Dulce de Leche**

750 ml Vollmilch
250 g Zucker
1 Päckchen Vanillezucker
1 Msp. Natron
1 Prise Salz

Zubereitungszeit: ca. 30 Minuten
(plus Gefrierzeit und Kochzeit)
Bei 6 Portionen pro Portion
ca. 559 kcal/2346 kJ
15 g E, 18 g F, 82 g KH

1. Für den Frozen Yogurt ein Sieb mit einem Mulltuch auslegen und in eine Schüssel hängen. Den Joghurt hineingeben, mit einem Teller beschweren und abgedeckt über Nacht im Kühlschrank abtropfen lassen. Am nächsten Tag in eine Schüssel füllen. Die Eiweiße mit dem Salz steif schlagen. Den Zucker hinzurieseln lassen und so lange weiterschlagen, bis die Masse erneut sehr steif ist. Die Sahne steif schlagen. Die Zartbitterschokolade grob raspeln.

2. Eischnee in 2 Portionen unter den Joghurt heben. Dann die Sahne unterheben. Zum Schluss die Schokoladeraspeln. Die Masse in die Eismaschine füllen und ca. 30 Minuten cremig gefrieren lassen.

3. Für die Dulce de Leche die Milch mit Zucker, Vanillezucker, Natron und Salz in einen großen Topf geben und aufkochen. Bei schwacher Hitze ca. 2 Stunden köcheln lassen, dabei immer mal wieder umrühren. Wenn die Mischung eine karamellbraune Farbe angenommen hat und mindestens zur Hälfte eingekocht ist, ist sie fertig. Dann vom Herd nehmen und abkühlen lassen.

4. Entweder aus dem Eis Kugeln formen oder das Eis etwas antauen lassen, in einen Spritzbeutel füllen und in Rosetten auf Schälchen verteilen. Dulce de Leche darüberträufeln und servieren. Restliche Dulce de Leche luftdicht verschlossen im Kühlschrank aufbewahren. Dort hält es sich mindestens 3 Monate. Es schmeckt aber auch sehr gut als Brotaufstrich.

# Frozen Yogurt
## Cheesecake Style

### Für 4 Portionen

500 g Naturjoghurt (1,5 %)
100 g Vollkornkekse
1 Vanillestange
2 Eiweiß
Salz
125 g Zucker
1 El Zitronensaft
100 g Mascarpone
100 g Doppelrahmfrischkäse
250 g Blaubeeren
1 Päckchen Vanillezucker

Zubereitungszeit: ca. 30 Minuten
(plus Abtropf- und Gefrierzeit)
Pro Portion ca. 535 kcal/2245 kJ
12 g E, 27 g F, 59 g KH

1. Ein Sieb mit einem Mulltuch auslegen und in eine Schüssel hängen. Den Joghurt in den Sieb geben, einen Teller zum Beschweren auflegen und alles im Kühlschrank über Nacht, mindestens aber 6 Stunden abtropfen lassen.

2. Die Vollkornkekse in einen Gefrierbeutel geben. Mit der Küchenrolle einige Male darüberfahren, bis die Kekse klein-krümelig geworden sind. Die Vanillestange längs aufschneiden, das Mark herausschaben. Die Eiweiße mit 1 Prise Salz steif schlagen. 50 g Zucker hinzurieseln lassen und so lange weiterschlagen, bis sich die Zuckerkristalle aufgelöst haben.

3. Den restlichen Zucker mit dem Zitronensaft, dem Mascarpone, dem Doppelrahmfrischkäse, dem abgetropften Joghurt und dem Vanillemark glatt und cremig verquirlen. Den Eischnee unterheben. Die Masse in die Eismaschine füllen und ca. 30 Minuten cremig gefrieren lassen.

4. Die Blaubeeren waschen und vollständig abtropfen lassen. Dann die Hälfte der Beeren mit dem Vanillezucker pürieren.

5. Etwas Blaubeerpüree auf die Schälchen verteilen. Den Frozen Yogurt in einen Spritzbeutel füllen (gegebenenfalls vorher etwas antauen lassen und durchmixen) und in Rosetten auf das Püree spritzen. Mit restlichem Püree beträufeln, die restlichen Blaubeeren auf die Schälchen verteilen und zum Schluss alles mit den Kekskrümeln bestreuen.

# Frozen Yogurt
## mit Mangos und Kirschen

### Für 4 Portionen

400 g griechischer Joghurt (10 %)
2 reife Mangos
1 Päckchen Vanillezucker
50 g Zucker
150 g Süßkirschen

Zubereitungszeit: ca. 15 Minuten
(plus Gefrierzeit)
Pro Portion ca. 223 kcal/935 kJ
4 g E, 11 g F, 25 g KH

1. Den Joghurt ca. 2 Stunden ins Tiefkühlfach stellen. Die Mangos schälen, das Fruchtfleisch vom Stein lösen. Mit dem Vanillezucker und dem Zucker pürieren. Ebenfalls für 2 Stunden ins Tiefkühlfach stellen. Die Kirschen waschen, trocknen, entsteinen, hacken und bis zur weiterer Verwendung ebenfalls ins Tiefkühlfach stellen.

2. Den Joghurt mit dem Mangopüree kurz durchpürieren. Die angefrorenen Kirschstücke unterheben. Ist die Masse zu weich, nochmals für ca. 1 Stunde ins Tiefkühlfach stellen und zwischenzeitlich einmal kräftig umrühren. Anschließend die Masse in einen Spritzbeutel mit Lochtülle füllen und portionsweise in Schälchen spritzen.

# Schoko-Frozen-Yogurt
## mit zwei Saucen

1. Für den Joghurt die Schokolade hacken. Die Sahne unter Rühren aufkochen, dann vom Herd nehmen. Die Schokolade, das Kakaopulver und den Zucker hineingeben und so lange rühren, bis eine homogene Masse entstanden ist. Den Topf wieder auf den Herd stellen und unter Rühren aufkochen.

2. Die Speisestärke mit wenig Wasser glatt rühren. In die heiße Schokolade rühren und einmal aufwallen lassen. Vom Herd nehmen und unter Rühren abkühlen lassen. Den Joghurt mit der Schokoladenmischung nach und nach verrühren. Die Masse in die Eismaschine füllen und mindestens 25 Minuten cremig gefrieren lassen.

3. Für die Schokoladensauce beide Schokoladensorten hacken. Sahne, Milch und das Salz unter Rühren aufkochen. Die Schokolade hineingeben und alles glatt verrühren. Dann Kakaopulver und Zucker unterrühren und alles abkühlen lassen.

4. Für die Himbeersauce die Himbeeren waschen, trocken tupfen und mit dem Agavendicksaft pürieren. Durch ein Sieb streichen.

5. Das Eis gegebenenfalls etwas antauen lassen und nochmals durchmixen. Dann in einen Spritzbeutel füllen und in Rosetten auf Schälchen verteilen. Gegebenenfalls vorher etwas antauen lassen. Dann zuerst Schokoladensauce daraufgießen und alles mit etwas Himbeersauce beträufeln. Eine schöne Himbeere zur Dekoration obenauf setzen und sofort servieren.

## Für 4-6 Portionen

**Für den Frozen Yogurt**
150 g Zartbitterschokolade
200 ml Sahne
2 El Kakaopulver, 150 g Zucker
1 Tl Speisestärke
300 g Naturjoghurt (1,5 %)

**Für die Saucen**
50 g Zartbitterschokolade
50 g Vollmilchschokolade
75 ml Sahne
75 ml Milch, 1 Prise Salz
3 El Kakaopulver, 2 El Zucker
250 g Himbeeren
60 ml Agavendicksaft

**Außerdem**
frische Himbeeren
zum Garnieren

Zubereitungszeit: ca. 30 Minuten
(plus Zeit zum Abkühlen und Gefrieren)
Bei 6 Portionen pro Portion ca. 554 kcal/2326 kJ
9 g E, 30 g F, 62 g KH

# Vanille-Frozen-Yogurt
## mit Karamellswirl

### Für 4 Portionen

**Für den Frozen Yogurt**

500 g Naturjoghurt (1,5 %)

3 Eier

1 Prise Salz

100 g Zucker

2 Päckchen Vanillezucker

**Für den Karamellswirl**

150 g Zucker

125 ml Sahne

1 Prise Salz

20 g Butter

Zubereitungszeit: ca. 40 Minuten
(plus Zeit zum Abkühlen und Gefrieren)
Pro Portion ca. 468 kcal/1967 kJ
12 g E, 19 g F, 61 g KH

1. Den Joghurt cremig rühren. Die Eier trennen. Die Eiweiße mit Salz steif schlagen. Die Hälfte des Zuckers hinzugeben und so lange weiterquirlen, bis sich die Zuckerkristalle vollständig aufgelöst haben und die Masse wieder ganz steif ist. Die Eigelbe mit dem restlichen Zucker und dem Vanillezucker dick-cremig aufschlagen. Unter den Joghurt rühren, dann den Eischnee in 2 Portionen unterheben. Die Masse in die Eismaschine füllen und mindestens 25 Minuten cremig gefrieren lassen.

2. Für das Karamell den Zucker in einem hohen Topf goldgelb karamellisieren lassen, dann die Hitze reduzieren. Die Sahne in einem zweiten Topf erhitzen. Die heiße Sahne zum Karamell gießen, dabei ständig rühren, die Masse kann stark aufschäumen. So lange rühren, bis sich das Karamell vollständig aufgelöst hat. Dann vom Herd nehmen, Salz und Butter unterrühren und alles abkühlen lassen. Dabei immer mal wieder umrühren.

3. Falls der Frozen Yogurt aus dem Tiefkühlfach kommt, etwas antauen lassen und durchmixen. Das Karamell hinzugeben und mit einem Teigschaber nur so lange unterrühren, bis eine Marmorierung noch deutlich sichtbar ist. Dann sofort in Nocken auf Portionsschälchen verteilen oder nochmals tiefkühlen.

# Frozen Yogurt auf
## Aprikosen-Rosmarin-Kompott

### Für 4 Portionen

**Für den Frozen Yogurt**
1 Vanilleschote
150 ml Milch
500 g Naturjoghurt (1,5 %)
250 g saure Sahne
180 g Zucker
1 Tl abgeriebene Schale von
1 unbehandelten Zitrone
2 Eiweiß, Salz

**Für das Kompott**
500 g Aprikosen
1 El Butter, 2 El Honig
1 Rosmarinzweig
100 g Mandelblättchen

**Außerdem**
frische Rosmarinzweige
zum Garnieren

Zubereitungszeit: ca. 30 Minuten
(plus Zeit zum Abkühlen und Gefrieren)
Pro Portion ca. 530 kcal/2226 kJ
16 g E, 24 g F, 64 g KH

1. Für das Eis die Vanilleschote der Länge nach aufschneiden. Das Mark herausschaben. Mark und Schote mit der Milch unter Rühren aufkochen. Vom Herd nehmen und abkühlen lassen. Dann durch ein feines Sieb passieren.

2. Die Vanillemilch mit dem Joghurt, der sauren Sahne, dem Zucker und der Zitronenschale verrühren. Die Eiweiße mit dem Salz steif schlagen. Unter die Joghurt-Mischung heben und in der Eismaschine mindestens 25 Minuten cremig gefrieren lassen.

3. Für das Kompott die Aprikosen kreuzweise einschneiden. Blanchieren, abschrecken und häuten. Das Fruchtfleisch von den Steinen lösen und in Würfel schneiden. Die Butter in einer Pfanne zerlassen. Den Honig hinzugeben und ca. 5 Minuten karamellisieren lassen. Die Pfirsichwürfel und den Rosmarinzweig hinzugeben und kurz durchschwenken, sodass alles mit dem Honig aromatisiert ist. Dann vom Herd nehmen und abkühlen lassen. Die Mandelblättchen in einer Pfanne ohne Fett goldbraun rösten. Beiseitestellen.

4. Das Eis gegebenenfalls leicht antauen lassen und cremig mixen. Den Rosmarin aus dem Kompott entfernen. Das Kompott auf Dessertschälchen verteilen. Den Frozen Yogurt in Rosetten daraufspritzen. Alles mit Mandelblättchen bestreuen und mit 1 Zweig Rosmarin garnieren.

# Frozen Yogurt
## à la grec

1. 100 g Zucker in einer Pfanne goldgelb karamellisieren lassen. Die Walnüsse grob hacken und in das Karamell geben. Kurz umrühren, dann vom Herd nehmen. Die Mischung auf ein Stück Backpapier geben und dabei glatt streichen. Vollständig aushärten lassen.

2. Die karamellisierten Walnüsse mittelfein hacken. Die Eiweiße mit Salz steif schlagen. Dann den restlichen Zucker hinzugeben und so lange quirlen, bis sich die Zuckerkristalle aufgelöst haben. Die Mischung in der Eismaschine ca. 30 Minuten cremig gefrieren lassen. Kurz vor Ende der Gefrierzeit die Hälfte der Walnüsse unterrühren.

3. Zum Servieren den Frozen Yogurt gegebenenfalls etwas antauen lassen und nochmals kräftig durchrühren, bis eine cremige Konsistenz erreicht ist. In einen Spritzbeutel mit Lochtülle füllen und den Joghurt auf Schälchen verteilen. Mit etwas Honig beträufeln und mit den restlichen karamellisierten Walnüssen bestreut servieren.

**Für 4 Portionen**

120 g Zucker
200 g Walnüsse
750 g griechischer Joghurt
(10 %)
2 Eiweiß
1 Prise Salz

**Außerdem**
flüssiger Honig zum Beträufeln

Zubereitungszeit: ca. 30 Minuten
(plus Zeit zum Abkühlen und Gefrieren)
Pro Portion ca. 691 kcal/2902 kJ
15 g E, 50 g F, 45 g KH

# Kirsch-Frozen-Yogurt
## mit Muffin-Bröseln

**Für 4 Portionen**

200 g Mascarpone
500 g Naturjoghurt (1,5 %)
75 g Zucker
1 Päckchen Vanillezucker
350 g TK-Sauerkirschen
1 El Mandellikör

**Außerdem**

2 Schoko-Muffins

Zubereitungszeit: ca. 15 Minuten
(plus Gefrierzeit)
Pro Portion ca. 463 kcal/1945 kJ
8 g E, 28 g F, 43 g KH

1. Den Mascarpone ca. 1 Stunde ins Tiefkühlfach stellen. Den Joghurt mit Zucker und Vanillezucker verrühren und ebenfalls ca. 1 Stunde ins Tiefkühlfach stellen. Beides mit den Sauerkirschen und dem Mandellikör cremig pürieren. Entweder im Tiefkühlfach aufbewahren oder sofort in einen Spritzbeutel füllen.

2. Die Muffins zerbröseln. ⅓ der Muffins auf vier schöne Gläser verteilen. Die Hälfte des Frozen Yogurt daraufspritzen. Mit einem weiteren Drittel der Krümel bedecken und den restlichen Frozen Yogurt daraufgeben. Alles mit den restlichen Krümeln bedecken und sofort servieren.

# Frozen Sandwiches

# Cheesecake-Sandwich
## mit Vollkorntalern

**Für 6-8 Sandwiches**

200 g Doppelrahmfrischkäse
1 Dose gezuckerte
Kondensmilch (400 ml)
1 P. Sahnesteif
300 g Erdbeeren
1 El Zitronensaft
30 g Zucker
5 El glatte Erdbeerkonfitüre
12–16 Vollkorntaler

Zubereitungszeit: ca. 30 Minuten
(plus Gefrierzeit)
Bei 8 Sandwiches pro Stück
ca. 373 kcal/1565 kJ
9 g E, 17 g F, 46 g KH

1. Den Doppelrahmfrischkäse mit der Kondensmilch und dem Sahnesteif aufschlagen. In die Eismaschine füllen und ca. 30 Minuten cremig gefrieren lassen.

2. Die Erdbeeren waschen, trocken tupfen und putzen. Die Hälfte davon mit dem Zitronensaft und dem Zucker glatt pürieren. Bis zur weiteren Verwendung kühl stellen. Die restlichen Früchte klein würfeln. Unter die Konfitüre heben.

3. Zum Fertigstellen das Eis gegebenenfalls antauen lassen und nochmals cremig rühren. Die pürierten Erdbeeren in eine Schüssel geben, das Eis obenauf häufen. Mit einem Teigschaber nur so stark unterrühren, bis die Erdbeer-Schlieren noch deutlich sichtbar sind. Entweder nochmals ins Gefrierfach stellen oder direkt servieren.

4. Dafür 3–4 Vollkorntaler mit der Hälfte der Marmeladen-Erdbeer-Mischung bedecken. Darauf das Eis in Nocken verteilen. Alles mit den restlichen Talern bedecken, leicht festdrücken und zum Schluss die Erdbeer-Marmeladen-Mischung daraufgeben.

# Frozen Brownies
## mit Espresso

### Für 4-6 Sandwiches

**Für die Brownies**
175 g Zartbitterschokolade
90 g Butter, 2 Eier
75 g Zucker, 1 Prise Salz
75 g Mehl, 1 Msp. Backpulver
50 g gem. Haselnüsse

**Für das Eis**
200 ml Milch, 2 Tl Instant-Espresso
3 Eigelb, 50 g Zucker
1 Prise Salz, 150 ml Sahne

**Außerdem**
Butter für den Backrahmen
75 ml kalter, gesüßter Espresso
zum Tränken
Kakaopulver oder Schokolade
zum Verzieren

Zubereitungszeit: ca. 40 Minuten
(plus Backzeit, Zeit zum Abkühlen
und Gefrierzeit)
Bei 6 Sandwiches pro Stück ca. 594 kcal/2496 kJ
10 g E, 42 g F, 46 g KH

1. Den Backofen auf 180 °C vorheizen. Ein Backblech mit Backpapier belegen. Einen Backrahmen auf 20 x 25 cm einstellen und innen einfetten. Die Schokolade hacken. 125 g der Schokolade mit der Butter im heißen Wasserbad zerlassen. Dann herausnehmen und leicht abkühlen lassen.

2. Die Eier mit Zucker und Salz schaumig aufschlagen. Mehl mit Backpulver mischen und darübersieben. Die gemahlenen Haselnüsse dazugeben. Die lauwarme Schokoladenmischung darunterquirlen. Den Teig auf das Blech gießen und ca. 18 Minuten zu dünnen Brownies backen (bei der Stäbchenprobe sollte noch etwas Teig haften bleiben). Abkühlen lassen.

3. Für das Eis die Milch unter Rühren aufkochen. Das Espresso-Pulver darin auflösen. Die Mischung vom Herd nehmen. Eigelbe mit Zucker und Salz schaumig aufschlagen. Die heiße Espresso-Milch in dünnem Strahl darunterquirlen. Alles kalt rühren. Die Sahne steif schlagen und unterheben. Die Mischung in der Eismaschine cremig gefrieren lassen.

4. Zum Servieren aus dem Teig 8–12 Brownies schneiden. 4–6 auf Teller verteilen und mit der Hälfte des kalten Espressos tränken. Das Eis in Nocken darauf verteilen und alles mit den restlichen Brownies bedecken. Leicht festdrücken. Mit dem restlichen Espresso tränken und mit Kakaopulver oder Schokolade verziert sofort servieren.

# Frozen Profiteroles
## mit Himbeer-Quark-Eis

1. Den Backofen auf 220 °C vorheizen. Ein Backblech mit Backpapier auslegen. 75 ml Wasser mit Butter und Salz in einem Topf aufkochen. Das Mehl im Ganzen dazuschütten, dabei kräftig umrühren. So lange rühren, bis sich ein Teigkloß und ein weißer Belag auf dem Topfboden gebildet hat. Vom Herd nehmen und etwas abkühlen lassen.

2. Die Eier nach und nach unter den noch fast heißen Teig quirlen. In einen Spritzbeutel mit Sterntülle füllen und ca. 15 walnussgroße Kugeln auf das Blech spritzen. Dazwischen so viel Abstand wie möglich lassen. Auf der mittleren Schiene ca. 15 Minuten backen. Abkühlen lassen.

3. Für das Eis die Himbeeren waschen und trocken tupfen. Mit dem Zitronensaft pürieren und durch ein Sieb streichen. Den Zucker unterrühren und alles mit dem Magerquark verrühren. Die Sahne steif schlagen und unterheben. In der Eismaschine ca. 30 Minuten cremig gefrieren lassen.

4. Die Windbeutel halbieren. Das Eis etwas antauen lassen. Auf die Unterseite eines Windbeutels eine Eis-Nocke geben. Die Oberseite auflegen. Mit Puderzucker bestäubt und mit frischen Himbeeren garniert servieren.

---

### Für ca. 15 Stück

**Für die Profiteroles**
40 g Butter
1 Prise Salz
80 g Mehl
2 Eier

**Für das Himbeer-Quark-Eis**
250 g Himbeeren
1 Tl Zitronensaft
90 g Puderzucker
250 g Magerquark
250 ml Sahne

**Außerdem**
Puderzucker zum Bestäuben
Himbeeren zum Garnieren

Zubereitungszeit: ca. 50 Minuten
(plus Back- und Gefrierzeit)
Pro Stück ca. 141 kcal/593 kJ
4 g E, 8 g F, 12 g KH

---

# Cookie-Sandwiches
## mit Beeren-Parfait

### Für 4–6 Sandwiches

**Für das Parfait**
75 g Himbeeren, 75 g Brombeeren
75 g Stachelbeeren
1 El Zitronensaft
3 El Puderzucker
2 Eier, 80 g Zucker
1 Prise Salz, 200 ml Sahne

**Für die Cookies**
50 g Butter, 70 g Zucker
1 Päckchen Vanillezucker
1 Prise Salz, 1 zimmerwarmes Ei
75 g Mehl, 1 El Kakaopulver
½ Tl Backpulver
60 g Schokoladentropfen
25 g geh. Haselnüsse

**Außerdem**
frische Beeren zum Garnieren

Zubereitungszeit: ca. 40 Minuten
(plus Backzeit, Zeit zum Abkühlen und Gefrieren)
Bei 6 Sandwiches pro Stück ca. 533 kcal/2238 kJ
9 g E, 32 g F, 53 g KH

1. Für das Parfait die Beeren waschen und vorsichtig trocken tupfen. Mit Zitronensaft und Puderzucker pürieren und durch ein Sieb streichen. Die Eier trennen. Die Eigelbe mit dem Zucker schaumig und hellgelb quirlen. Die Eiweiße mit dem Salz steif schlagen. Die Sahne ebenfalls steif schlagen. Beerenpüree unter die Eigelbcreme rühren, dann Eischnee und Sahne glatt unterheben. In eine passende Kastenform füllen und abgedeckt für ca. 8 Stunden ins Tiefkühlfach stellen.

2. Die Butter mit dem Zucker, dem Vanillezucker und dem Salz ca. 10 Minuten schaumig schlagen. Das Ei hinzurühren. Mehl mit Kakaopulver und Backpulver mischen, darübersieben und glatt unterrühren. Zum Schluss die Schokoladentropfen und Haselnüsse unterrühren. Abgedeckt ca. 3 Stunden kühl stellen.

3. Den Backofen auf 180 °C vorheizen. Ein Backblech mit Backpapier auslegen. Aus dem Teig mit 2 Teelöffeln 8–12 kleine Häufchen mit möglichst viel Abstand auf dem Blech verteilen. Auf der mittleren Schiene ca. 12 Minuten backen. Abkühlen lassen.

4. Zum Servieren jeweils 1 Cookie auf einen Dessertteller legen. Aus dem leicht angetauten Parfait Kugeln formen und auf den Cookies verteilen. Mit einem zweiten Cookie bedecken und vorsichtig etwas flach drücken. Nach Belieben mit frischen Beeren garniert servieren.

# Erdnussbutter-Sandwiches
## mit Blaubeer-Bananen-Eis

### Für 4–6 Sandwiches

**Für die Cookies**

50 g Erdnüsse
30 g zimmerwarme Butter
75 g Erdnussbutter
75 g Zucker
1 Päckchen Vanillezucker
1 Prise Salz, 1 Ei
140 g Mehl, 1 Msp. Backpulver

**Für das Eis**

150 g Blaubeeren
200 ml Sahne
1 Msp. abgeriebene Schale von
1 unbehandelten Zitrone
2 Eigelb, 75 g brauner Zucker
2 mittelgroße Bananen
1 Tl Zitronensaft
3 El Ahornsirup

Zubereitungszeit: ca. 40 Minuten
(plus Back- und Gefrierzeit)
Bei 6 Sandwiches pro Stück ca. 547 kcal/2298 kJ
12 g E, 28 g F, 61 g KH

1. Den Backofen auf 180 °C vorheizen. Ein Backblech mit Backpapier auslegen. Die Erdnüsse in einer Pfanne ohne Fett leicht rösten, dann beiseitestellen. Butter, Erdnussbutter, Zucker, Vanillezucker und Salz schaumig quirlen. Das Ei hinzuquirlen. Mehl mit Backpulver mischen und darübersieben. Dann unterrühren. Zum Schluss die Erdnüsse unterrühren. Den Teig in 8–12 kleinen Kugeln auf dem Blech mit möglichst viel Abstand verteilen. Leicht flach drücken und auf der mittleren Schiene ca. 10 Minuten backen. Abkühlen lassen.

2. Für das Eis die Blaubeeren waschen und abtropfen lassen. Die Sahne mit der Zitronenschale unter Rühren aufkochen. Eigelbe mit Zucker schaumig quirlen. Die heiße Sahne in dünnem Strahl darunterquirlen. Dann die Masse im Eiswasserbad kalt schlagen.

3. Die Bananen mit einer Gabel mit dem Zitronensaft zerdrücken, dann in die Eis-Masse geben und alles pürieren. Die Masse in die Eismaschine geben und ca. 30 Minuten cremig gefrieren lassen.

4. Die Blaubeeren mit dem Ahornsirup erhitzen, dann etwas zerdrücken und abkühlen lassen. Die Blaubeermischung bis auf etwas zum Verzieren in eine Schale geben. Das cremige Eis darübergeben (dafür vorher gegebenenfalls etwas antauen lassen und nochmals durchmixen). Mit dem Teigschaber oder einer Gabel beides vermengen, sodass sich Blaubeerschlieren bilden. 4–6 Cookies auf Tellern verteilen, jeweils 1 große Eis-Nocke daraufsetzen und mit den restlichen Cookies abdecken. Sofort servieren.

# Walnuss-Kekse
## mit Malaga-Eis

1. Die Rosinen in ein Sieb geben, heiß abspülen, abtropfen lassen, dann über Nacht im Rum einweichen. Am nächsten Tag den Backofen auf 180 °C vorheizen. Ein Backblech mit Backpapier auslegen. Die Walnüsse hacken. Mehl mit Backpulver mischen. Dann alle Teigzutaten verkneten. Aus dem Teig 8–12 Kugeln formen und diese mit möglichst viel Abstand auf dem Blech verteilen. Etwas flach drücken und auf der mittleren Schiene ca. 12 Minuten backen. Die Kekse sollten noch schön weich sein. Abkühlen lassen.

2. Die Vanilleschote längs aufschneiden, das Mark herausschaben. Mark und Schote mit der Milch unter Rühren aufkochen, ca. 10 Minuten simmern lassen, dann passieren. Die Eigelbe mit Zucker, Zimt und Salz schaumig aufschlagen. Die heiße Vanillemilch in dünnem Strahl dazuquirlen. Dann im Wasserbad so lange weiterquirlen, bis die Masse etwas andickt. (Achtung: Sie darf nicht zu heiß werden, sonst gerinnt sie!) Dann im Eiswasserbad kalt rühren. Die Sahne steif schlagen und unterheben. Alles in der Eismaschine ca. 15 Minuten anfrieren lassen, dann die abgetropften Rum-Rosinen unterrühren und alles fertig gefrieren lassen. Für die Zubereitung ohne Eismaschine: Die Masse für ca. 5 Stunden ins Tiefkühlfach stellen. Dabei halbstündlich umrühren. Wenn die Masse noch etwas cremig ist, die Rumrosinen unterheben.

3. Zum Servieren 4–6 Kekse auf Dessert-Tellern verteilen, das Eis in Nocken daraufgeben und alles mit einem weiteren Keks abdecken. Leicht festdrücken und mit Puderzucker bestäubt servieren.

### Für 4-6 Sandwiches

**Für das Eis**
75 g Rosinen, 75 ml Rum
1 Vanilleschote, 200 ml Milch
3 Eigelb
75 g Zucker, 1 Prise Zimt
1 Prise Salz
200 ml Sahne

**Für die Kekse**
100 g Walnüsse
140 g Mehl, 1 Msp. Backpulver
75 g brauner Zucker
1 Prise Salz
100 g zimmerwarme Butter
1 Eigelb

**Außerdem**
Puderzucker zum Bestäuben
1 El Zucker

Zubereitungszeit: ca. 40 Minuten
(plus Einweich-, Back-, Abkühl- und Gefrierzeit)
Bei 6 Sandwiches pro Stück ca. 685 kcal/2875 kJ
10 g E, 42 g F, 59 g KH

# Piña-Colada-Sandwich
## mit Kokosmakronen

### Für 6 Sandwiches

**Für das Eis**

1 Ei, 1 Eiweiß
Salz, 80 g Zucker
200 ml Sahne
100 ml Kokosmilch
100 ml Ananassaft
25 ml Kokoslikör

**Für die Makronen**

70 g Kokosraspel
1 Eiweiß, 1 Prise Salz
1 El Limettensaft
1 Msp. abgeriebene Schale
von 1 unbehandelten Limette
75 g Zucker
20 g Mehl

Zubereitungszeit: ca. 40 Minuten
(plus Zeit zum Gefrieren und Backen)
Pro Sandwich ca. 351 kcal/1476 kJ
5 g E, 21 g F, 34 g KH

1. Das Ei trennen. Alle Eiweiße mit Salz anschlagen, dann 50 g Zucker hinzurieseln lassen und so lange weiterschlagen, bis die Masse ganz steif ist. Eigelb mit dem restlichen Zucker im heißen Wasserbad dickschaumig aufschlagen. Die Sahne steif schlagen. Nun Kokosmilch, Ananassaft und Kokoslikör unter die Eigelbmischung rühren. Die Sahne unterheben, zum Schluss den Eischnee. Die Masse in die Eismaschine füllen und ca. 30 Minuten cremig gefrieren lassen.

2. Für die Makronen den Backofen auf 180 °C vorheizen. Ein Backblech mit Backpapier auslegen. Die Kokosraspel in einer Pfanne ohne Fett leicht anrösten. Vom Herd nehmen und abkühlen lassen. Das Eiweiß mit dem Salz steif schlagen. Den Limettensaft und die Schale darunterquirlen. Dann den Zucker darunterquirlen, bis sich die Zuckerkristalle aufgelöst haben. Das Mehl darübersieben und glatt unterrühren. Zum Schluss die Kokosraspeln unterheben.

3. Mit einem Teelöffel 12 Häufchen auf dem Backblech verteilen, dabei möglichst viel Abstand lassen. Die Häufchen leicht flach drücken und auf der mittleren Schiene ca. 8 Minuten backen. Abkühlen lassen.

4. Zum Servieren die Makronen vorsichtig vom Backpapier lösen. 6 davon auf Dessertteller verteilen. Das Eis leicht antauen lassen und auf jede Makrone eine Kugel Eis setzen. Mit den restlichen Makronen abdecken. Leicht festdrücken. Nach Belieben mit etwas Vanillesahne garnieren und sofort servieren.

# Whoopie Pies
## mit frozen Daiquiri

### Für 6 Stück

#### Für das Eis

300 g Erdbeeren
120 ml Erdbeersirup
2 El Zitronensaft
50 ml Rum
1 El Orangenlikör

#### Für die Whoopies

75 g weiße Schokolade
50 g Butter, 90 g Zucker
½ Tl Vanilleextrakt
1 Prise Salz, 1 Ei
125 g Mehl, ½ Tl Backpulver
½ Tl Natron
40 g Naturjoghurt, evtl. Milch

#### Außerdem

weiße Schokoraspel und
Erdbeeren zum Verzieren

Zubereitungszeit: ca. 40 Minuten
(plus Gefrier- und Backzeit)
Pro Sandwich ca. 377 kcal/1584 kJ
5 g E, 13 g F, 55 g KH

1. Die Erdbeeren waschen, trocken tupfen, putzen und ca. 1 Stunde im Tiefkühlfach anfrieren lassen. Mit dem Erdbeersirup pürieren. Dann Zitronensaft, Rum und Orangenlikör unterrühren. Alles für ca. 30 Minuten in der Eismaschine cremig gefrieren lassen.

2. Für die Whoopies den Backofen auf 175 °C vorheizen. Ein Backblech mit Backpapier auslegen. Die Schokolade in Stücke brechen und im heißen Wasserbad schmelzen. Die weiche Butter mit Zucker, Vanilleextrakt und Salz schaumig aufschlagen. Das Ei darunterquirlen, dann nach und nach die Schokolade. Mehl, Backpulver und Natron dazusieben. Den Joghurt dazugeben. Alles zu einem glatten Teig verrühren.

3. 12 Teighäufchen mit möglichst großem Abstand voneinander auf das Blech setzen. Auf der mittleren Schiene ca. 15 Minuten backen, bis die Whoopies gar, aber noch schön weich sind. Vollständig abkühlen lassen.

4. Zum Servieren das Eis in einen Spritzbeutel mit Lochtülle füllen. Dafür gegebenenfalls leicht antauen lassen und durchmixen. 6 Whoopies auf Dessertellern verteilen, darauf das Eis spritzen und alles mit den restlichen Whoopies abdecken. Vorsichtig festdrücken. Mit weißer Schokolade und frischen Erdbeeren garniert servieren.

# Pistazien-Sandwich
## mit Schokokeksen und Pistazieneis

### Für 4 Sandwiches

**Für das Eis**
1 Vanilleschote, 150 ml Milch
40 g Pistazien
2 Eigelb
40 g Zucker, 1 Prise Salz
150 ml Sahne

**Für den Teig**
75 g Zartbitterschokolade
35 g Butter
1 Eier, 60 g Zucker
½ Tl Vanilleextrakt
75 g Mehl
1 El Kakaopulver
1 Prise Salz
½ Tl Weinstein-Backpulver

**Außerdem**
gehackte Pistazien zum Wälzen

Zubereitungszeit: ca. 1 Stunde
(plus Gefrier- und Backzeit)
Pro Sandwich ca. 485 kcal/2035 kJ
9 g E, 27 g F, 51 g KH

1. Für das Eis die Vanilleschote längs aufschneiden und das Mark herausschaben. Beides in die Milch geben und unter Rühren aufkochen. Dann vom Herd nehmen, 10 Minuten ziehen lassen und anschließend durch ein Sieb passieren. Wieder in den Topf füllen und erhitzen.

2. Die Pistazien fein mahlen. Die Eigelbe mit Zucker und Salz dick-schaumig aufschlagen. Die Vanillemilch in dünnem Strahl hinzuquirlen. Dann die Pistazien unterrühren. Die Masse auf ein heißes Wasserbad setzen und so lange Quirlen, bis sie anfängt anzudicken. Dann herausnehmen und im Eiswasserbad kalt rühren. Die Sahne steif schlagen und unterheben. In der Eismaschine ca. 30 Minuten cremig gefrieren lassen.

3. Für die Kekse den Backofen auf 175 °C vorheizen. Ein Backblech mit Backpapier auslegen. Die Schokolade fein hacken. 50 g davon mit der Butter im heißen Wasserbad schmelzen. Dann abkühlen lassen.

4. Ei mit Zucker und Vanilleextrakt schaumig aufschlagen. Dann die gerade noch flüssige Schokoladen-Butter-Mischung in dünnem Strahl dazuquirlen. Mehl, Kakaopulver, Salz und Backpulver dazusieben. Alles mit der restlichen Schokolade verrühren.

5. 8 Teighäufchen mit Abstand auf das Blech setzen, ca. 10 Minuten backen, dann vollständig abkühlen lassen. Zum Servieren das Eis gegebenenfalls etwas antauen lassen. Auf der Unterseite von 4 Schokokeksen verteilen. Mit den restlichen Schokokeksen bedecken und leicht festdrücken. In gehackten Pistazien wälzen, sodass das Eis damit bedeckt ist.

# Frozen Florentiner
## mit Rhabarbersorbet

1. Die Gelatine nach Packungsanweisung in kaltem Wasser einweichen. Den Rhabarber waschen, trocknen, putzen und würfeln. Weißwein mit Cassis, Zucker, Vanillezucker, Zitronensaft und Zitronenschale aufkochen. Rhabarber hinzugeben und ca. 5 Minuten weich dünsten. Vom Herd nehmen und pürieren. In die noch heiße Flüssigkeit die ausgedrückte Gelatine rühren. Alles vollständig abkühlen lassen. Die Masse anschließend in die Eismaschine füllen und ca. 35 Minuten cremig gefrieren lassen.

2. Für die Florentiner den Backofen auf 180 °C vorheizen. Ein Backblech mit Backpapier auslegen. Die Mandelblättchen in einer Pfanne ohne Fett goldgelb rösten. Dann vom Herd nehmen, in eine Schüssel füllen und mit dem Mehl mischen. Butter, Sahne, Zucker, Vanillezucker, Honig und Salz unter Rühren aufkochen. Die Mandel-Mehl-Mischung unterrühren und die Masse sofort auf das Backblech gießen. Auf der mittleren Schiene ca. 10 Minuten backen. Die noch heiße Masse mit einem Blatt Backpapier bedecken und sofort dünn ausrollen. Das Backpapier abnehmen, die Masse lauwarm abkühlen lassen und dann in 8–12 Quadrate schneiden oder Kreise ausstechen.

3. Zum Servieren die Zartbitterschokolade hacken und im warmen Wasserbad unter Rühren schmelzen, dann leicht abkühlen lassen. Das Sorbet gegebenenfalls etwas antauen lassen und nochmals durchpürieren. Auf die Hälfte der Florentiner eine Nocke Sorbet verteilen. Mit den restlichen Florentinern abdecken. Die lauwarme Schokolade in einen Gefrierbeutel füllen. Eine ganz dünne Ecke abschneiden und das Dessert mit dünnen Schokostreifen verzieren.

### Für 4-6 Stück

**Für das Eis**

1 Blatt Gelatine
200 g Rhabarber
175 ml Weißwein, 3 cl Cassis
3 El Zucker, 1 P. Vanillezucker
1 El Zitronensaft
1 Tl abgeriebene Schale von
1 unbehandelten Zitrone

**Für die Florentiner**

125 g Mandelblättchen
1 Tl Mehl, 35 g Butter
35 ml Sahne, 30 g Zucker
1 Päckchen Vanillezucker
40 g Honig, 1 Prise Salz

**Außerdem**

50 g Zartbitterschokolade
zum Verzieren

Zubereitungszeit: ca. 40 Minuten
(plus Abkühl-, Gefrier- und Backzeit)
Bei 6 Sandwiches pro Stück ca. 364 kcal/1528 kJ
4 g E, 23 g F, 29 g KH

# Biskuit-Sandwich
## mit Pfirsich-Eis

### Für 6-8 Portionen

**Für das Eis**

4 Pfirsiche

125 ml Weißwein

1 El Zitronensaft

1 Tl abgeriebene Schale von
1 unbehandelten Zitrone

4 Eigelb, 50 g Zucker

150 g zimmerwarme Butter

**Für den Biskuit**

2 Eier, 1 Prise Salz

60 g Zucker, 40 g Speisestärke

30 g Kakaopulver

1 Prise Backpulver, 3 El Milch

**Außerdem**

Butter für den Backrahmen

Kakaopulver und Pfirsich-
spalten zum Garnieren

Zubereitungszeit: ca. 50 Minuten
(plus Gefrier-, Back- und Abkühlzeit)
Bei 8 Sandwiches pro Stück ca. 319 kcal/1340 kJ
5 g E, 22 g F, 22 g KH

1. Die Pfirsiche kreuzweise einschneiden und ca. 2 Minuten blanchieren. Dann abkühlen lassen und häuten. Das Fruchtfleisch vom Stein schneiden und würfeln. Den Weißwein mit Zitronensaft und -schale aufkochen. Die Pfirsiche hinzugeben und ca. 3 Minuten garen. Dann die Mischung vom Herd nehmen und glatt pürieren. Die Eigelbe mit dem Zucker dick-schaumig schlagen. Esslöffelweise die Pfirsichmischung darunterquirlen. Dann die Butter. Alles abkühlen lassen und ca. 2 Stunden kalt stellen. Die Masse anschließend ca. 30 Minuten in der Eismaschine cremig gefrieren lassen.

2. Für den Biskuit den Backofen auf 180 °C vorheizen. Ein Backblech mit Backpapier auslegen. Den Backrahmen auf die Hälfte des Blechs einstellen und innen mit Butter einfetten. Die Eier trennen. Eiweiße mit Salz steif schlagen. Eigelbe mit Zucker cremig aufschlagen. Speisestärke mit Kakao und Backpulver mischen und darübersieben. Alles mit der Milch verquirlen. Den Eischnee unterheben. Auf das Blech geben, glatt streichen und ca. 15 Minuten auf der mittleren Schiene backen. Herausnehmen, den Rahmen vorsichtig entfernen und alles auf ein Stück Backpapier stürzen. Die nun obere Backpapierlage vorsichtig abziehen und den Biskuit erkalten lassen. Dann quer halbieren.

3. Das Pfirsicheis gegebenenfalls etwas antauen lassen und auf den Biskuit streichen. Mit der zweiten Biskuithälfte abdecken und festdrücken. Bis zum Servieren ins Tiefkühlfach stellen. Zum Servieren in Quadrate schneiden oder andere Formen ausstechen. Mit Kakaopulver bestäuben und mit Pfirsichspalten garniert servieren.

# Japonais-Sandwich
## mit Erdbeer-Frozen-Yogurt

### Für ca. 6 Sandwiches

**Für den Erdbeer-Frozen-Yogurt**

250 g Erdbeeren
250 g Naturjoghurt (0,1 %)
1 El Zucker
1 Päckchen Vanillezucker

**Für die Japonais-Kekse**

50 g gem. Mandeln
2 Eiweiß
1 Prise Salz
50 g Puderzucker
1 Msp. Speisestärke

**Außerdem**

Puderzucker zum Bestäuben

Zubereitungszeit: ca. 40 Minuten
(plus Gefrier- und Backzeit)
Pro Sandwich ca. 141 kcal/591 kJ
5 g E, 6 g F, 17 g KH

1. Für das Eis die Erdbeeren waschen, trocknen, putzen und würfeln. Für ca. 2 Stunden im Tiefkühlfach gefrieren lassen. Den Joghurt mit dem Zucker und dem Vanillezucker verrühren. Ebenfalls für ca. 2 Stunden ins Tiefkühlfach stellen.

2. Den Backofen auf 100 °C vorheizen. Ein Backblech mit Backpapier auslegen. Die Mandeln in einer Pfanne ohne Fett goldgelb anrösten, dann beiseitestellen und abkühlen lassen. Die Eiweiße mit dem Salz steif schlagen. Den Zucker hinzugeben und so lange weiterschlagen, bis die Masse erneut wieder ganz steif ist. Die Speisestärke darübersieben und die Mandeln hinzugeben. Alles glatt verrühren.

3. Die Masse in einen Spritzbeutel mit Lochtülle füllen und ca. 12 gleich große, flache Tupfen auf das Blech spritzen, dabei möglichst viel Abstand lassen. Die Kekse auf der unteren Schiene ca. 1 Stunde mehr trocknen als backen lassen. Herausnehmen und abkühlen lassen.

4. Die gefrorenen Erdbeeren mit dem halb gefrorenen Joghurt glatt pürieren. In einen Spritzbeutel füllen. Schöne Rosetten Erdbeereis auf die Unterseite der Hälfte der Plätzchen spritzen. Mit den restlichen Keksen bedecken und diese leicht andrücken. Mit Puderzucker bestäuben und sofort servieren.

# Walnuss-Sandwich
## mit cremigem Schokoeis

1. Für das Eis die Schokolade hacken und die Milch erhitzen. Schokolade in die Milch geben, ca. 10 Minuten stehen lassen, dann glatt rühren. Kakaopulver und Zucker ebenfalls unterrühren. Alles abkühlen lassen und mindestens 2 Stunden kalt stellen. Die Sahne mit dem Vanillezucker steif schlagen und unterheben. Die Mischung für ca. 30 Minuten in der Eismaschine cremig gefrieren lassen.

2. Den Backofen auf 180 °C vorheizen. Das Backblech mit Backpapier auslegen. Einen Backrahmen auf 20 x 20 cm einstellen, die Innenseiten mit Butter einfetten. Die Walnüsse hacken und in einer Pfanne ohne Fett ca. 5 Minuten rösten. Dann beiseitestellen. Die Butter mit Zucker, Vanillezucker und Salz schaumig schlagen. Das Ei darunterquirlen. Mehl mit Backpulver und Natron mischen und darübersieben. Alles mit den Walnüssen zu einem klebrigen Teig verrühren. Im Backrahmen verteilen, dafür mit den Fingern oder einem Esslöffel arbeiten. Auf der mittleren Schiene ca. 12 Minuten backen. Herausnehmen und abkühlen lassen. Anschließend den Teig längs halbieren.

3. Das cremige Eis (hierfür eventuell etwas antauen lassen und pürieren) auf eine Hälfte des Teigs streichen. Mit dem anderen Teig bedecken und leicht festdrücken. Bis zum Servieren nochmals für mindestens 30 Minuten tiefkühlen. Kurz vor dem Servieren mit Kakaopulver bestäuben. In etwa gleich große Rechtecke schneiden, auf Teller verteilen und nach Belieben mit frischen Beeren servieren.

---

## Für 6 Sandwiches

### Für das Eis
100 g Zartbitterschokolade
(75 % Kakaoanteil)
100 ml Milch, 30 g Kakaopulver
40 g brauner Zucker
200 ml Sahne
1 Päckchen Vanillezucker

### Für den Teig
75 g Walnüsse
125 g weiche Butter, 75 g Zucker
1 Päckchen Vanillezucker
1 Prise Salz, 1 Ei, 150 g Mehl
1 El Backpulver, 1 Msp. Natron

### Außerdem
Butter zum Einfetten
Kakaopulver zum Bestäuben
Beeren zum Garnieren

Zubereitungszeit: ca. 1 Stunde
(plus Zeit zum Kaltstellen, Gefrieren und Backen)
Pro Sandwich ca. 637 kcal/2677 kJ
8 g E, 44 g F, 53 g KH

# Frozen Törtchen, Cupcakes & Co.

# Frozen Petit Fours
## mit Erdbeeren und Mohn

### Für etwa 30 Petit Fours

**Für den Teig**

1 Ei

1 Prise Salz, 10 g Zucker

1 Päckchen Vanillezucker

10 g Mehl

10 g Speisestärke

1 Prise Backpulver

**Für das Eis**

150 g Erdbeeren

150 g Erdbeermarmelade

1 Spritzer Zitronensaft

50 g gem. Mohn

75 ml Milch

1 Päckchen Vanillezucker

2 Eier, 1 Prise Salz

50 g Zucker

250 ml Sahne

Zubereitungszeit: ca. 1 Stunde
(plus Back- und Gefrierzeit)
Pro Stück ca. 80 kcal/334 kJ
2 g E, 4 g F, 8 g KH

1. Den Backofen auf 180 °C vorheizen. Ein Backblech mit Backpapier auslegen. Mit Alufolie einen Backrahmen von ca. 15 x 15 cm falten. Das Ei trennen. Eiweiß mit Salz steif schlagen. Eigelb mit Zucker und Vanillezucker schaumig schlagen. Mehl mit Speisestärke und Backpulver mischen, darübersieben und unterrühren. Den Eischnee unterheben. In die Form füllen, glatt streichen und auf der mittleren Schiene ca. 10 Minuten backen. Herausnehmen und abkühlen lassen. Dann vorsichtig auf eine kleinere Platte heben. Den Rahmen darum herum belassen.

2. Für das Eis die Erdbeeren waschen, trocken, putzen und mit Erdbeermarmelade und Zitronensaft pürieren. Dann für ca. 1 Stunde ins Tiefkühlfach stellen. Den Mohn mit der Milch und dem Vanillezucker unter Rühren aufkochen, dann vom Herd nehmen und abkühlen lassen. Die Eier trennen. Eiweiße mit Salz steif schlagen. Eigelbe mit Zucker schaumig schlagen. Die Sahne steif schlagen. Die Mohnmasse und die Eigelbmasse verrühren. Den Eischnee unterheben, dann die Sahne.

3. Das angefrorene Erdbeereis kräftig umrühren. ⅓ davon dünn auf den Teig streichen. Die Mohnmasse darauf verteilen. Kurz im Tiefkühlfach anfrieren lassen. Die restliche Erdbeermasse darauf verteilen. Für mindestens 3 Stunden tiefkühlen. Herausnehmen und in kleine Würfel schneiden.

# Frozen Yogurt
## with Crumbles

### Für 4-6 Stieleisförmchen à 150 ml

**Für die Crumbles**
50 g Butter, 75 g Mehl
40 g Zucker, 1 Prise Salz
20 g Marzipan

**Für das Eis**
1 unbehandelte Orange
100 ml Sahne
125 g Naturjoghurt (1,5 %)
100 g Zucker
1 Päckchen Vanillezucker

**Für die Glasur**
350 g weiße Kuvertüre
75 g Kokosfett

Zubereitungszeit: ca. 30 Minuten
(plus Backzeit, Zeit zum Abkühlen
und Gefrierzeit)
Bei 6 Stück pro Stück ca. 458 kcal/1923 kJ
4 g E, 26 g F, 52 g KH

1. Den Backofen auf 180 °C vorheizen. Ein Backblech mit Backpapier auslegen. Alle Zutaten der Crumbles miteinander verkneten und klein auf das Blech krümeln. Auf der mittleren Schiene ca. 15 Minuten goldgelb backen. Herausnehmen und abkühlen lassen.

2. Für das Eis die Orange heiß waschen, trocknen und 1 Msp. Schale hauchfein abreiben. Den Saft auspressen und beides im Topf unter Rühren so lange kochen, bis fast die gesamte Flüssigkeit verdampft ist und die verbliebene Masse bräunlich und dick ist. Vom Herd nehmen und abkühlen lassen.

3. Die Sahne steif schlagen. Joghurt mit Zucker, Vanillezucker und der Orangenmischung verquirlen. Die Sahne unterheben, dann ⅔ der Streusel unterheben. Die Masse in die Förmchen füllen und für ca. 4 Stunden gefrieren lassen.

4. Kurz vor dem Servieren die weiße Kuvertüre hacken und mit dem Kokosfett langsam unter Rühren schmelzen. In eine hohe schlanke Form füllen und so weit abkühlen lassen, dass es gerade noch flüssig ist. Die Eisform kurz in warmes Wasser tauchen, das Eis herauslösen und kopfüber ganz kurz in die Schokolade tauchen. Sofort in den restlichen Streuseln wälzen und servieren.

# Smoothie-Pop-up
## mit Holunderblütensirup

1. Die Mango schälen und das Fruchtfleisch vom Stein schneiden. Mit 2 Esslöffeln Holunderblütensirup pürieren. Die Sahne steif schlagen und unterheben. Die Mischung auf die Förmchen verteilen und ca. 60 Minuten tiefkühlen, bis alles leicht angefroren ist.

2. Die Erdbeeren waschen und trocken tupfen. Dann putzen und mit Zitronensaft und 2 Esslöffeln Holunderblütensirup glatt pürieren. Auf das Mango-Eis gießen und für weitere 60 Minuten tiefkühlen.

3. Zum Schluss die Kiwis schälen, mit dem restlichen Holunderblütensirup pürieren und durch ein Sieb streichen, um die Kerne zu entfernen. Auf das angefrorene Erdbeereis gießen. Alles für ca. 2 weitere Stunden tiefkühlen. Dann ca. 5 Minuten antauen lassen und servieren.

### Für ca. 6 Pop-up-Förmchen à 150 ml

1 große, reife Mango
6 El Holunderblütensirup
150 ml Sahne
200 g Erdbeeren
1 Spritzer Zitronensaft
4 Kiwis

Zubereitungszeit: ca. 20 Minuten
(plus Gefrierzeit)
Pro Stück ca. 138 kcal/580 kJ
2 g E, 8 g F, 14 g KH

# Cookies & Cream
## aus dem Glas

**Für 4 Gläser (à 150 ml)**

150 g Brombeeren
(ersatzweise TK-Waldbeeren)
4 El schwarzer Johannisbeersaft
1 Päckchen Vanillezucker
2 El brauner Zucker
1 Prise Zimt
4–6 Schokocookies (FP)
40 g Zucker
100 ml Milch
2 Eigelb
150 ml Sahne

Zubereitungszeit: ca. 40 Minuten
(plus Kochzeit, Zeit zum Abkühlen
und Gefrierzeit)
Pro Glas ca. 302 kcal/1267 kJ
5 g E, 18 g F, 32 g KH

1. Die Brombeeren waschen und trocken tupfen. Den Johannisbeersaft mit Vanillezucker und braunem Zucker unter Rühren aufkochen. Die Brombeeren hinzugeben und ca. 5 Minuten köcheln lassen. Dann den Zimt unterrühren, die Mischung vom Herd nehmen und abkühlen lassen. Anschließend pürieren. Die Cookies in einen Gefrierbeutel füllen, mit der Küchenrolle darüberfahren und dabei zerbröseln.

2. Die Hälfte des Zuckers in einem Topf schmelzen und goldgelb karamellisieren lassen. Dann mit der Milch ablöschen, die Hitze reduzieren und das erstarrte Karamell langsam unter ständigem Rühren loskochen. Die Eigelbe mit dem restlichen Zucker dick-schaumig schlagen. Die heiße Karamell-Milch in dünnem Strahl darunterquirlen. Dann alles im Eiswasserbad kalt schlagen. Die Sahne steif schlagen und unterheben. Die Mischung in der Eismaschine ca. 15 Minuten anfrieren lassen, dann die Hälfte der Cookies unterrühren und die Masse cremig gefrieren lassen. Für die Zubereitung ohne Eismaschine die Cookies unterrühren, sobald die Masse eisig-cremig ist.

3. Die Hälfte der Cookies auf die Gläser verteilen, die jeweils mit 1 Esslöffel Fruchtsauce beträufeln und das cremige Eis daraufgeben (das Eis dafür eventuell etwas antauen lassen). Wieder 1 Esslöffel Fruchtsauce daraufgeben und alles mit den restlichen Cookies bestreuen. Die Gläser entweder sofort servieren oder bis zum Servieren abgedeckt tiefkühlen. Die restliche Fruchtsauce nach Belieben darüberträufeln oder separat servieren.

# Hugo-Eispralinen
## mit Schokoladenüberzug

## Für etwa 40 Eispralinen

½ Blatt Gelatine
2 Stängel Minze
4 Eigelb
75 g Zucker
120 ml trockener Sekt
3 El Holunderblütensirup
1 El Zitronensaft
200 ml Sahne

### Für die Glasur

250 g weiße Kuvertüre
50 g Kokosfett

Zubereitungszeit: ca. 40 Minuten
(plus Gefrierzeit)
Pro Stück ca. 70 kcal/293 kJ
1 g E, 5 g F, 6 g KH

1. Die Gelatine nach Packungsanweisung einweichen. Die Minze waschen, trocken tupfen und die Blättchen hacken. Die Eigelbe mit dem Zucker im heißen Wasserbad dick-schaumig schlagen. Den Sekt und den Holunderblütensirup hinzugießen und so lange rühren, bis die Masse beinahe heiß ist. Die Zitronensaft unterrühren. Die Gelatine ausdrücken und unter Rühren in der Masse auflösen. Dann aus dem Wasserbad nehmen und im Eiswasserbad kalt rühren.

2. Die Sahne steif schlagen und zusammen mit der gehackten Minze unter die Masse heben. Eine flache Auflaufform mit Folie auslegen. Die Masse hineingeben, sodass sie etwa 1 cm hoch steht. Dann für ca. 5 Stunden tiefkühlen, bis die Masse komplett gefroren ist.

3. Die weiße Kuvertüre hacken. Mit dem Kokosfett langsam unter Rühren zerlassen. Dann leicht abkühlen lassen. Die Eismasse stürzen und in pralinengroße Rechtecke schneiden. Mit einer Gabel kurz in die Kuvertüre tauchen, dann auf Backpapier kurz aushärten lassen und anschließend sofort wieder bis zum Servieren ins Tiefkühlfach stellen.

# Frozen
# Pflaumenkuchen

1. Die Zutaten für den Teig miteinander verkneten. Auf Backpapier legen, mit 1 Lage Backpapier bedecken und ca. 3 mm dick ausrollen. Für ca. 30 Minuten kalt stellen. Den Backofen auf 180 °C vorheizen. Mit einem großen Blütenausstecher (ersatzweise Gläsern) 4–6 Kekse ausstechen. (Eventuell den Teig nochmals zusammenkneten und erneut ausrollen.) Die Kekse auf einem mit Backpapier belegten Blech verteilen und ca. 8 Minuten backen. Herausnehmen und abkühlen lassen.

2. Für das Eis die Pflaumen durch ein Sieb abgießen. Den Saft auffangen. Den Saft mit dem Zucker zu ⅔ einkochen lassen. Dann vom Herd nehmen, etwas abkühlen lassen und den Mascarpone unterrühren. Die Pflaumen fein pürieren. Mit dem Joghurt unter die Mascarponemischung rühren. Die Masse in der Eismaschine ca. 30 Minuten cremig gefrieren lassen.

3. Die Mandeln in einer Pfanne ohne Fett goldgelb rösten. Die Butter mit dem Zucker hinzugeben und nur noch so lange erhitzen, bis alle Mandeln etwas von der Mischung abbekommen haben.

4. Das cremige Eis in einen Spritzbeutel mit Sterntülle füllen. (Ist das Eis zu fest, etwas antauen lassen und noch mal durchpürieren.) Schöne Rosetten auf die Keksböden spritzen und alles mit den noch warmen Mandelblättchen bestreuen.

### Für 4-6 Küchlein

**Für den Teig**
75 g Butter
125 g Mehl
50 g gem. Mandeln
30 g Zucker
1 Prise Salz

**Für das Eis**
1 Glas Pflaumen (Füllmenge 680 g)
30 g Zucker
200 g Mascarpone
500 g Naturjoghurt (1,5 %)

**Für die Zuckermandeln**
100 g Mandelblättchen
1 Tl Butter
1 El Zucker

Zubereitungszeit: ca. 50 Minuten
(plus Back- und Gefrierzeit)
Bei 6 Küchlein pro Stück ca. 613 kcal/2575 kJ
14 g E, 38 g F, 54 g KH

# Frozen
# Cake Pops

1. Die Eigelbe mit der Hälfte des Zuckers im heißen Wasserbad dickschaumig aufschlagen. Aus dem Wasserbad nehmen und die Kokoscreme mit dem restlichen Zucker dazugeben. Dabei ständig weiterquirlen. Die Schokolade raspeln und unterrühren.

2. Die Sahne steif schlagen und unter die kalte Masse heben. In die Eismaschine füllen und ca. 30 Minuten cremig gefrieren lassen. Dann für 1 weitere Stunde ins Tiefkühlfach füllen.

3. Die Kokosraspeln in eine Schale füllen. Aus dem Eis Kugeln abstechen, diese rund rollen und sofort in den Kokosraspeln wälzen. Jede Kugel auf einen Lollistiel stecken und bis zum Servieren auf einer Platte im Tiefkühlfach aufbewahren.

## Für ca. 20 Stück

2 Eigelb
75 g Zucker
150 g Kokoscreme
40 g weiße Schokolade
200 ml Sahne
100 g Kokosraspeln

### Außerdem
ca. 10 Lollistiele

Zubereitungszeit: ca. 30 Minuten
(plus Gefrierzeit)
Pro Stück ca. 112 kcal/469 kJ
1 g E, 9 g F, 6 g KH

# Frozen Zitronentörtchen
## mit Baiser

### Für 4-6 Törtchen

**Für den Baiser**

2 Eiweiß
1 Prise Salz
1 Spritzer Zitronensaft
60 g Zucker
1 Msp. Speisestärke

**Für das Eis**

2 Zitronen
250 g Naturjoghurt (3,5 %)
50 g Zucker
1 Päckchen Vanillezucker
250 ml Sahne

**Außerdem**

Krokant zum Bestreuen

Zubereitungszeit: ca. 30 Minuten
(plus Back- und Gefrierzeit)
Bei 6 Törtchen pro Stück ca. 230 kcal/965 kJ
5 g E, 13 g F, 24 g KH

1. Den Backofen auf 120 °C vorheizen. Ein Backblech mit Backpapier belegen. Die Eiweiße mit dem Salz und dem Zitronensaft steif schlagen. Dann den Zucker dazurieseln lassen und so lange weiterschlagen, bis sich die Zuckerkristalle aufgelöst haben und die Masse wieder sehr steif ist. Die Speisestärke darübersieben, dann unterrühren. Die Masse in einen Spritzbeutel mit glatter Lochtülle füllen und Kringel von ca. 8 cm Ø auf das Blech spritzen. Auf der unteren Schiene ca. 70 Minuten mehr trocknen als backen. Herausnehmen und abkühlen lassen.

2. Für das Eis die Zitronen auspressen. Den Joghurt mit dem Zucker und dem Vanillezucker verquirlen. Den Zitronensaft unterrühren. Die Sahne steif schlagen und unterheben. Die Masse in der Eismaschine ca. 30 Minuten cremig gefrieren lassen.

3. Das Eis in einen Spritzbeutel mit Sterntülle füllen. Dafür gegebenenfalls etwas antauen lassen und nochmals durchpürieren. Schöne Rosetten auf die Baiserschälchen spritzen und nach Belieben mit etwas Krokant bestreut garniert servieren.

# Frozen Cupcakes
## mit Haselnüssen

### Für 12 Stück

**Für die Cupcakes**
150 g weiche Butter
125 g Zucker, 1 Prise Salz
3 Eier, 150 g Mehl
1 Tl Weinstein-Backpulver
30 g gem. Haselnüsse
30 g geh. Haselnüsse

**Für das Eis**
200 g gehackte Haselnüsse
75 g Zucker, 100 ml Milch
500 g Naturjoghurt (1,5%)
50 ml Sahne

**Zum Bestreuen**
125 g geh. Haselnüsse
75 g brauner Zucker
1 El Butter

Zubereitungszeit: ca. 40 Minuten
(plus Backzeit, Zeit zum Abkühlen
und Gefrierzeit)
Pro Stück ca. 495 kcal/2080 kJ
9 g E, 34 g F, 38 g KH

1. Den Backofen auf 180 °C vorheizen. Ein Muffinblech mit Förmchen auslegen. Die weiche Butter mit Zucker und Salz schaumig aufschlagen. Nach und nach die Eier darunterquirlen. Mehl mit Backpulver mischen und darübersieben. Zusammen mit den gemahlenen und gehackten Haselnüssen unterrühren. Den Teig auf die Mulden des Blechs verteilen und auf der mittleren Schiene ca. 30 Minuten backen. Abkühlen lassen.

2. Für das Eis die Haselnüsse in einer Pfanne ohne Fett ca. 5 Minuten anrösten. 50 g Zucker dazugeben und diesen schmelzen lassen. Die Hitze reduzieren und alles mit der Milch ablöschen. Unter Rühren so lange simmern lassen, bis sich das Karamell vollständig aufgelöst hat. Vom Herd nehmen und abkühlen lassen, dann pürieren. Den restlichen Zucker und den Joghurt unterrühren. Die Sahne steif schlagen und unterheben. Die Masse in der Eismaschine ca. 25 Minuten cremig gefrieren lassen.

3. Zum Bestreuen die gehackten Haselnüsse mit dem Zucker ca. 5 Minuten kurz karamellisieren lassen, dann die Butter hinzugeben. Alles auf Backpapier streichen und erkalten lassen. Eventuell etwas kleiner hacken.

4. Zum Servieren das cremige Eis in einen Spritzbeutel mit Sterntülle füllen. Dafür das Eis gegebenenfalls etwas antauen lassen und cremig mixen. Schöne Rosetten auf die Küchlein spritzen und mit Krokant bestreut sofort servieren.

# Schokoladen-Kirsch-Eis
## als Mini-Gugel

### Für ca. 40 Mini-Gugels

**Für das Kirscheis**

150 g Süßkirschen

1 Ei

1 Prise Salz

60 g Zucker

150 ml Sahne

**Für das Schokoladeneis**

1 Vanilleschote

150 ml Milch

75 g weiße Schokolade

1 Ei, 2 Eigelb

50 g Zucker

1 Prise Salz

150 ml Sahne

Zubereitungszeit: ca. 40 Minuten
(plus Gefrierzeit und Zeit zum Ziehen
und Abkühlen)
Pro Stück ca. 55 kcal/233 kJ
1 g E, 4 g F, 5 g KH

1. Die Kirschen waschen, trocknen, entsteinen und fein pürieren. Das Ei trennen. Eiweiß mit Salz steif schlagen. Eigelb mit Zucker schaumig schlagen. Die Sahne steif schlagen. Zuerst die Kirschen unter die Eigelbcreme rühren, dann die Sahne unterheben. Zum Schluss den Eischnee unterheben. Die Masse auf die Förmchen verteilen, sodass diese zu ⅓ gefüllt sind. Ca. 1 Stunde kühl stellen.

2. Die Vanilleschote der Länge nach aufschneiden und das Mark herausschaben. Die Milch mit Schote und Mark erhitzen und unter Rühren aufkochen. Dann vom Herd nehmen, ca. 10 Minuten ziehen lassen, anschließend passieren. Die weiße Schokolade hacken und in die heiße Milch geben. Kurz stehen lassen, dann umrühren, bis alles glatt ist. Dann kalt rühren.

3. Das Ei trennen. Alle Eigelbe mit dem Zucker dick-schaumig schlagen. Das Eiweiß mit Salz steif schlagen. Die Sahne ebenfalls steif schlagen. Zuerst die Schokoladenmilch zur Eigelbcreme rühren. Dann die Sahne unterheben. Zum Schluss den Eischnee unterheben. Die Masse auf dem Kirscheis verteilen. Für mindestens 4 weitere Stunden vollständig durchfrieren lassen. Kurz vor dem Servieren leicht antauen lassen, dann aus der Form lösen.

# Eisige Schillerlocken
## mit Schokoeis

1. Den Backofen auf 200 °C vorheizen. Ein Backblech mit Backpapier auslegen. Die Schillerlockenformen mit Butter einfetten. Die Blätterteigplatten antauen lassen, auf einer leicht bemehlten Arbeitsfläche etwas ausrollen. Längs in ca. 2,5 cm breite Streifen schneiden. Diese leicht überlappend von unten nach oben um die Formen wickeln. Das Ei verquirlen und den Teig damit einpinseln. Alles mit Hagelzucker bestreuen. Auf der mittleren Schiene ca. 10 Minuten goldbraun backen. Abkühlen lassen, dann erst die Formen vorsichtig entfernen.

2. Für das Eis die Milch unter Rühren erhitzen. Marzipan und Schokolade hacken. In die heiße Milch geben. Den Topf vom Herd nehmen und ca. 5 Minuten stehen lassen. Dann alles glatt mixen.

3. Die Eigelbe mit dem Zucker dick-schaumig aufschlagen. Die Schokoladen-Marzipan-Milch hinzugießen, dabei ständig weiterquirlen, bis die Masse kalt ist. Die Sahne steif schlagen und unterheben. Die Eismasse in die Eismaschine füllen und ca. 30 Minuten cremig gefrieren lassen.

4. Zum Servieren das Eis gegebenenfalls etwas antauen lassen und nochmals pürieren. Dann in eine Spritztülle füllen und das Eis in die Schillerlocken spritzen. Sofort servieren.

### Für 6-8 Stück

**Für die Schillerlocken**
1 Paket TK-Blätterteig (ca. 275 g)
1 Ei
Hagelzucker zum Bestreuen

**Für das Marzipan-Schokoladen-Eis**
150 ml Milch
50 g Marzipanrohmasse
50 g Zartbitterschokolade
3 Eigelb
50 g Zucker
250 ml Sahne

**Außerdem**
Schillerlockenformen
Butter zum Einfetten
Mehl für die Arbeitsfläche

Zubereitungszeit: ca. 30 Minuten
(plus Back- und Gefrierzeit)
Bei 8 Schillerlocken pro Stück
ca. 299 kcal/1254 kJ
6 g E, 18 g F, 27 g KH

# Frozen
# Ingwertörtchen

## Für 6-8 Stück

### Für die Tortenböden

2 Eiweiß, 1 Prise Salz
100 g Zucker
45 g gem. Mandeln
45 g gem. Haselnüsse

### Für das Eis

1 Vanilleschote, 100 ml Milch
1 cm Ingwer
75 g Ingwermarmelade
100 g Zucker
3 Eigelb
250 ml Sahne

### Außerdem

Belegkirschen oder kandierter
Ingwer zum Verzieren

Zubereitungszeit: ca. 40 Minuten
(plus Back- und Gefrierzeit)
Bei 8 Törtchen pro Stück ca. 326 kcal/1370 kJ
6 g E, 19 g F, 34 g KH

1. Den Backofen auf 180 °C vorheizen. Ein Backblech mit Backpapier auslegen. Die Eiweiße mit Salz steif schlagen. Den Zucker hinzurieseln lassen und so lange weiterschlagen, bis sich die Zuckerkristalle aufgelöst haben. Mandeln und Haselnüsse unterrühren. Die Masse mit einem Esslöffel rechteckig auf das Backblech streichen (ca. 25 x 18 cm). Auf der mittleren Schiene ca. 15 Minuten backen. Herausnehmen und noch heiß mit großen Blütenausstechern oder mit Gläsern Kreise, bzw. Blüten ausstechen. Dann vollständig erkalten lassen.

2. Für das Eis die Vanilleschote längs aufschneiden und das Mark herausschaben. Beides mit der Milch erhitzen und unter Rühren aufkochen. Den Topf vom Herd nehmen, ca. 10 Minuten ziehen lassen, dann passieren. Den Ingwer schälen und reiben. Mit der Ingwermarmelade und 30 g Zucker in die heiße Milch geben. Alles glatt pürieren.

3. Den restlichen Zucker mit den Eigelben dick-schaumig aufschlagen. Die warme Milchmischung unterrühren und so lange quirlen, bis die Masse kalt ist. Die Sahne steif schlagen und unterheben. Die Masse in der Eismaschine ca. 25 Minuten cremig gefrieren lassen.

4. Zum Servieren das Eis gegebenenfalls etwas antauen lassen und nochmals cremig mixen. Dann mithilfe eines Spritzbeutels auf die Törtchen spritzen, mit gehackten Belegkirschen oder Ingwer verzieren und sofort servieren.

# Pink Cupcakes
## & Frozen Yogurt

1. Den Backofen auf 180 °C vorheizen. Ein Muffinblech mit Papier-Förmchen auslegen. Die Butter mit Zucker und Salz schaumig quirlen. Die Eier langsam und einzeln darunterschlagen. Mehl mit Backpulver mischen und darübersieben. Dann alles zusammen mit der Buttermilch glatt rühren. Mit etwas Lebensmittelfarbe rosa einfärben. Den Teig sofort auf die Mulden verteilen und auf der mittleren Schiene ca. 25 Minuten backen. Herausnehmen und vollständig auskühlen lassen.

2. Für das Eis die Erdbeeren waschen, trocknen und putzen. Mit Zucker und Zitronensaft glatt pürieren. Den Joghurt unterrühren. Alles in der Eismaschine ca. 25 Minuten cremig gefrieren lassen.

3. Zum Dekorieren die Erdbeeren waschen, trocknen, putzen und klein würfeln. Die Hälfte davon mit der Erdbeermarmelade glatt pürieren. Die restlichen Erdbeerwürfel unterheben.

4. Zum Servieren das cremige Eis (dafür eventuell etwas antauen lassen und nochmals durchmixen) in einen Spritzbeutel mit Sterntülle füllen. Auf die Küchlein spritzen und mit der Erdbeersauce beträufelt sofort servieren.

### Für 12 Stück

**Für den Teig**

120 g weiche Butter
120 g Zucker, 1 Prise Salz
3 zimmerwarme Eier
200 g Mehl
1 Tl Weinstein-Backpulver
60 ml Buttermilch
etwas rote Lebensmittelpaste

**Für das Eis**

500 g Erdbeeren
3 El Zucker
1 Spritzer Zitronensaft
500 g griechischer Joghurt (10 %)

**Zum Dekorieren**

200 g Erdbeeren
100 g Erdbeermarmelade

Zubereitungszeit: ca. 40 Minuten
(plus Backzeit, Zeit zum Abkühlen
und Gefrierzeit)
Pro Stück ca. 283 kcal/1189 kJ
5 g E, 15 g F, 33 g KH

# Rezeptverzeichnis